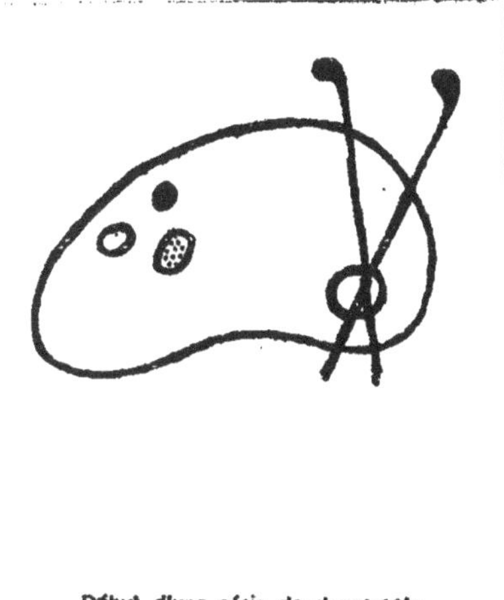

Début d'une série de documents
en couleur

Illisibilité partielle

VALABLE POUR TOUT OU PARTIE DU
DOCUMENT REPRODUIT

# COURS

# D'APOLOGÉTIQUE CHRÉTIENNE

PAR

## M. L'Abbé DE BROGLIE

---

**Extrait des Annales de philosophie chrétienne**

---

PARIS

IMPRIMERIE F. LEVÉ

17, RUE CASSETTE, 17.

1883

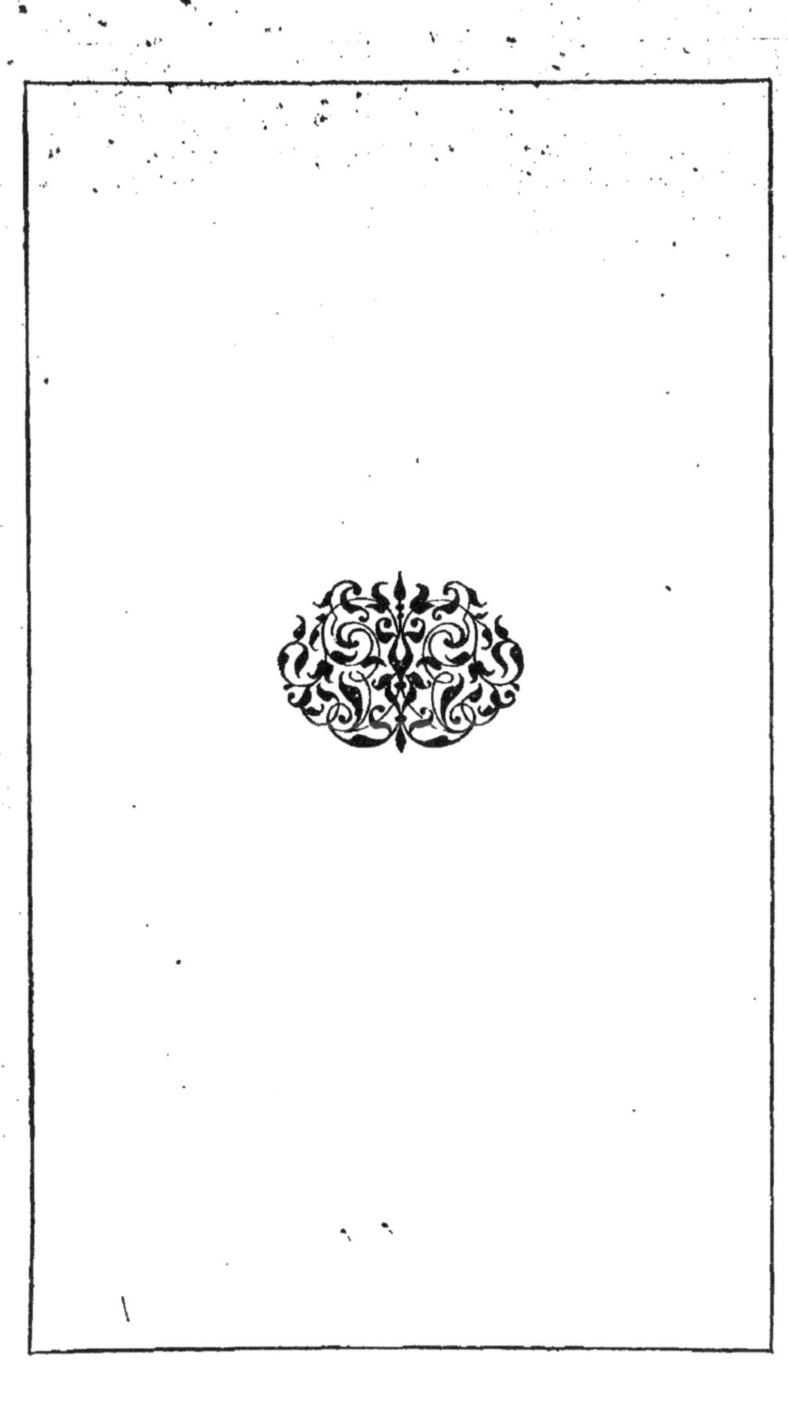

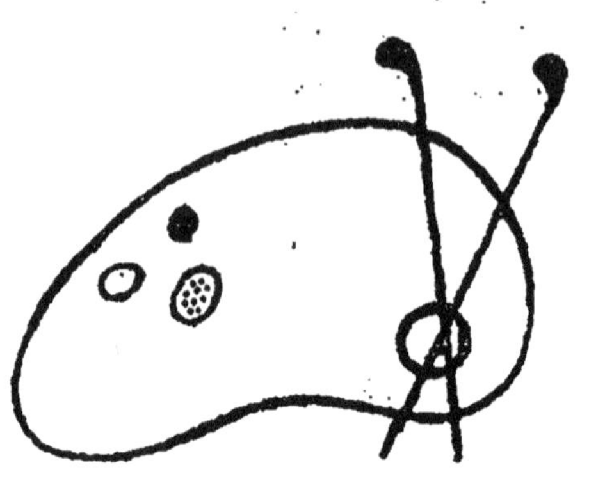

Fin d'une série de documents
en couleur

# ANNALES

## DE

# PHILOSOPHIE CHRÉTIENNE

---

## COURS D'APOLOGÉTIQUE CHRÉTIENNE

---

### 1881-1882.

---

### TREIZIÈME LEÇON

#### MORALE BOUDDHIQUE.

## I

*Principe de la morale bouddhique.*

La morale bouddhique ne suppose pas l'existence d'un législateur personnel, mais celle d'une loi éternelle, existant par elle-même, et produisant fatalement la sanction, c'est-à-dire la récompense des bonnes actions et la punition des fautes.

On doit faire le bien pour éviter les châtiments futurs et pour obtenir la délivrance.

Mais à côté de ce principe intéressé le bouddhisme en contient un autre de nature différente. — Il faut faire le bien par charité pour les créatures, et obtenir pour elles la délivrance. — Ce principe, qui ne se relie pas logiquement au précédent, est appuyé principalement sur l'exemple du Bouddha.

## II

### *Préceptes généraux.*

I. Précepte de la foi. — On doit croire à la vie future, à la rétribution qui résulte des aumônes, au châtiment à venir des méchants, à l'autorité suprême du Bouddha, à la vérité de tous ses enseignements. Le scepticisme est un crime. Suivant certains auteurs, c'est le seul crime inexpiable; le sceptique doit rouler indéfiniment d'enfer en enfer, sans pouvoir redevenir homme et à plus forte raison sans pouvoir arriver au nirvana.

II. Les cinq grandes défenses.

Il est défendu :

1° De tuer des êtres vivants quelconques;

2° De voler;

3° De commettre l'adultère;

4° De mentir;

5° De boire des liqueurs spiritueuses.

L'explication de ces préceptes a donné lieu, dans les temps postérieurs, à une casuistique très subtile.

III. Préceptes spéciaux pour les moines.

Célibat. — Renoncement à la propriété. — Ne pas manger de midi au lever du soleil le lendemain.

IV. Conseils spéciaux pour les laïques.

1° Ne pas manger après midi;

2° Éviter les comédies et les spectacles;

3° Coucher dans des lits de petites dimensions avec un seul matelas.

V. Précepte de combattre l'orgueil spirituel. — C'est un crime de prétendre faussement à des pouvoirs surnaturels et miraculeux. — Suivant le conseil du Bouddha, on doit cacher ses bonnes œuvres et montrer ses péchés.

VI. Rapports avec le prochain.

Éviter la haine, les querelles, la vengeance.

Propager avec zèle la loi du Bouddha. — Exercer la charité envers toutes les créatures.

Faire l'aumône. — L'aumône faite aux religieux a un mérite spécial. — Ce mérite est en proportion de la sainteté de celui qui reçoit l'aumône.

VII. Morale individuelle. — Elle prescrit le renoncement absolu, la destruction de tout désir et de toute concupiscence.

## III

### *Sanction de la morale.*

La morale a pour sanction pénale les châtiments des existences futures, gradués suivant les fautes commises.

Comme sanction de la vertu il y a en premier lieu les récompenses futures ; les hommes vertueux et surtout ceux qui ont fait l'aumône jouissent d'un bonheur d'une durée immense dans certains ciels de différents degrés. — Cette idée d'un bonheur céleste efface chez certains peuples bouddhistes l'idée du nirvana.

Mais la vraie récompense et le véritable effet des bonnes œuvres aux yeux des bouddhistes anciens consiste à s'approcher plus ou moins du nirvana.

Il y a quatre degrés de perfection. Le degré inférieur, le *çrota-apatti*, est l'entrée dans les *sentiers du nirvana.* — Celui qui atteint cet état est certain d'arriver au nirvana après un certain nombre de siècles et d'existences diverses.

Puis viennent les états d'*anagamin* et de *sagrid-agamin* qui indiquent un rapprochement plus grand du bonheur suprême.

Enfin vient l'état d'*arhat.* L'arhat a vaincu ses passions, il a obtenu un premier nirvana, le nirvana de passions. — Il a un pouvoir surnaturel, il peut s'élever en l'air et se transporter d'un lieu à un autre par sa seule volonté. — Il est délivré de l'obligation de renaître et passe à la mort dans le nirvana complet, à moins qu'à l'exemple de Çakia Mouni il ne veuille continuer à parcourir une série indéfinie d'existences pour devenir bouddha et sauver d'autres créatures.

En résumé, la morale bouddhique est élevée: elle contient la partie négative et la partie humaine de la morale chrétienne. — Il y manque les devoirs envers Dieu, et une charité fondée sur des motifs raisonnables.


# QUATORZIÈME LEÇON.

### INSTITUTIONS DU BOUDDHISME.


## I

### *L'assemblée des religieux.*

Distinction fondamentale entre les religieux (bickshus) et les laïques.

— Les religieux forment la samgha ou l'assemblée. — État nomade du bouddhisme primitif. — Les religieux doivent sortir de leur famille et voyager pour mendier. — Ils peuvent accepter les repas chez les particuliers. — Pendant la saison des pluies, ils se retirent dans diverses maisons. — A la fin de cette saison il y a une assemblée. — Le vihara, lieu de l'assemblée, devient plus tard le monastère bouddhiste où les religieux habitent d'une manière permanente.

Hiérarchie : — Les sthaviras ou anciens. — Les arhats. — Le patriarche ou le censeur suprême.

Le bouddhisme a commencé par des ascètes isolés et a fini par une organisation cénobitique.

## II

### *La discipline.*

Prescriptions nombreuses et détaillées.

Le vêtement. — Les religieux ont la tête rasée, le manteau jaune; ils portent un pot pour recueillir les aumônes. — A l'origine ils se vêtissent de haillons rapiécés. — Défense de la nudité qui était usitée parmi les ascètes brahmaniques.

Nourriture recueillie par l'aumône. — Discussions des premiers conciles à ce sujet. — Vie des religieux. — Méditation. — Visites pour recueillir des aumônes. — Repas avant midi. — Repos. — Le travail ne fait pas partie de la règle religieuse.

Conditions d'admission au noviciat. — Cas d'exclusion.

Assemblée de quinzaine. — Réunion de fin d'année. — Confession des fautes.

## III

### *Les religieuses bouddhistes.*

Suivant la tradition elles sont instituées par Çakia Mouni lui-même. Sa tante Prajapati est la fondatrice de l'ordre. — Règles semblables à celles des hommes. — Les religieuses sous la direction des moines. — Prescriptions sages sur les relations des deux ordres. — Les religieuses ne font pas partie de la Samgha et ne peuvent arriver à l'état d'arhat. — Extension considérable de l'ordre des femmes dans la Chine et le Thibet.

## IV

### *Réflexions sur ces institutions.*

Utilité sociale des religieux bouddhistes. Elle se

réduit à deux choses : l'exemple du renoncement et du mépris des richesses, et l'occasion donnée aux laïques de faire l'aumône aux religieux. — Dans les temps plus modernes, en Birmanie, les religieux sont maîtres d'école.

Comment peut s'expliquer la pratique de la chasteté chez les bouddhistes. — Ils ont un motif : l'idée de châtiments futurs pour les délinquants, et des règles les préservant contre les occasions. L'opinion publique est très sévère pour ceux qui manquent à la loi du célibat.

Situation sociale de l'ordre des religieux bouddhistes. — Il est très dépendant du pouvoir civil. — Les religieux n'ont pas la prétention de parler au nom d'un Dieu supérieur aux rois, ni de leur rappeler leurs devoirs. — Ils ne demandent qu'une chose, qu'on leur laisse suivre leurs règles. — L'ordre est animé d'un grand esprit de propagande. — Il est un instrument utile aux mains des souverains. — Motifs de l'entrée dans le corps des religieux. Le motif supérieur est le désir du nirvana. Le motif inférieur, l'honneur attaché à la position, et la certitude de vivre d'aumônes sans travailler ; le religieux est déchargé des soins du maître de maison.

## V

*Conclusion et comparaison avec le christianisme.*

L'ascétisme et la vie cloîtrée sont des formes naturelles de la vie humaine correspondant à certains besoins de l'humanité. Ces formes sont élevées à l'état surnaturel dans le catholicisme. — Le bouddhisme ne contient que l'ascétisme naturel.

En outre, dans le bouddhisme, il y a une prédominance excessive de la forme monastique et de l'ascétisme. Dans le christianisme l'excès de cette tendance est contre balancé par l'activité, tant extérieure qu'intérieure, de la vie chrétienne, et par le fait que l'Église chrétienne contient l'élément du clergé séculier, inconnu dans la Samgha bouddhique.

## QUINZIÈME LEÇON.

### DE L'ATHÉISME BOUDDHIQUE.

### I

Le bouddhisme, dans sa conception primitive, est une religion athée. — Elle n'admet ni Dieu suprême, ni prière, ni sacerdoce.

Il est nécessaire de constater d'abord avec exactitude ce caractère du bouddhisme primitif. Nous verrons ensuite comment et dans quelle mesure les instincts de l'humanité ont réagi contre cette doctrine.

Si par Dieu on entend un Être souverain, unique et créateur, tout polythéisme est athée.

Mais il y a une autre conception de la divinité qui existe dans le polythéisme en général et qui manque au bouddhisme.

Les dieux païens sont des êtres personnels, éternels, gouvernant le monde, les premiers de tous les êtres par la puissance et la beauté. — Au-dessus d'eux rien n'existe, sinon une sorte de nécessité aveugle, ou un principe inconscient de l'univers.

Le bouddhisme ignore non seulement le Dieu créateur, mais même les dieux de cette espèce.

Sa hiérarchie comprend deux espèces principales d'êtres surnaturels : les bouddhas, êtres les plus élevés, seuls objets d'adoration; et les brahmas et dévas, génies inférieurs.

Le Bouddha pendant sa vie est le premier des êtres. Les dévas et les brahmas lui sont subordonnés. Mais le Bouddha n'a qu'une courte vie. Avant d'avoir acquis la sagesse suprême, il n'est qu'un simple homme, soumis aux conditions de l'humanité en général, et après sa mort, il est dans le repos glacé du nirvana. Sa divinité effective n'est que temporaire et ne dure qu'entre l'acquisition de la sagesse suprême et la mort. Celle de Çakia Mouni n'a duré que 50 ans.

Même pendant ce temps le Bouddha ne gouverne pas le monde ; il n'est pas agent cosmique : il a un pouvoir surnaturel, mais pour modifier la nature et non pour la régir.

Un tel personnage est évidemment très au-dessous de Jupiter et de Neptune et ne mérite pas le nom de dieu.

Mais d'un autre côté les brahmas et les dévas, qui ont eux un pouvoir sur la nature, qui vivent pendant des milliers de siècles, sont subordonnés au Bouddha, ils sont ses disciples ; quelques-uns d'entre eux ne sont pas encore entrés dans les voies de la perfection : d'autres y occupent des rangs inférieurs. Il leur manque donc encore un attribut de la divinité, celui de n'avoir rien au-dessus de soi. On ne peut pas leur appliquer la définition des dieux païens de Cicéron. *Quod sit animans, et nihil sit eo in natura præstantius.* Un être vivant et tel qu'il n'y ait rien qu'il lui soit supérieur dans la nature entière.

Les brahmas, les dévas, et autres génies invoqués par les bouddhistes, ne satisfaisant pas à cette définition, ne méritent pas le nom de dieux.

Ainsi les bouddhistes, non seulement ne reconnaissent pas d'Etre suprême, mais n'adorent même pas de dieux païens semblables à ceux du Panthéon grec et romain.

L'athéisme de la doctrine bouddhique se manifeste d'une autre manière. Chez les autres peuples, il y a un double sentiment, qui unit les hommes à la divinité : le sentiment de l'adoration envers un être idéal et celui de la dépendance envers un maître et un protecteur. S'anéantir et adorer, d'une part, prier et invoquer, de l'autre, constituent en général la religion.

Or, dans le bouddhisme, ces deux sentiments sont

séparés. Le sentiment de l'adoration se rapporte au Bouddha, être idéal, le premier de tous les êtres. Mais comme il est impuissant dans le nirvana, on ne peut pas l'invoquer. En revanche, on invoque les dévas, mais on ne peut les adorer, puisqu'ils sont inférieurs au Bouddha, lequel n'est qu'un homme.

## II

### *Modifications postérieures de l'athéisme bouddhique.*

Le besoin d'adoration de la nature humaine a produit une réaction contre cet athéisme.

Cette réaction s'est manifestée de diverses manières.

1° Par le culte des Bodisatvas. Les Bodisatvas sont les Bouddhas futurs. Ce sont des êtres qui marchent vers l'état de Bouddha sans l'avoir encore atteint. Ces êtres ont graduellement été amenés à une sorte d'égalité avec les Bouddhas. Mais, comme ils ne sont pas dans le nirvana, et qu'ils habitent encore le monde de l'existence changeante, ils ont pu être invoqués comme des protecteurs et ont fini par devenir de véritables dieux. Le premier de ces Bodisatvas est Maitreya, le successeur immédiat de Çakia-Mouni, qui est actuellement dans le ciel de Toocita et attend l'époque où il doit descendre sur la terre. Son culte est très ancien.

Un autre Bodisatva très illustre est Avalokitecwara, ou Kwaynin. C'est celui qui est invoqué dans le Thibet et dans la Chine. C'est celui qui est censé s'incarner dans la personne du Dalai-Lama.

Dans certains livres du Nord le nombre des Bodisatvas devient immense et ils constituent un Panthéon presque illimité.

2° Par le culte des Bouddhas des autres mondes. La cosmologie bouddhiste admet une infinité de mondes coexistants et placés les uns à côté des autres. Moyennant cette multiplication des mondes, il peut y avoir, en dehors de la série des Bouddhas de notre monde, une infi-

nité de Bouddhas actuellement existants. Par ce moyen on
échappe à l'athéisme, qui résultait du fait que le Bouddha,
une fois arrivé à la perfection, passe dans le Nirvana. Les Bouddhas des autres mondes comblent les
intervalles de la série de ceux de notre propre univers.

3° Par le culte de l'Adi-Bouddha. On trouve dans le
Nepaul l'idée d'un Bouddha suprême éternel, dont les
autres Bouddhas seraient des manifestations. C'est un
Dieu suprême, mais c'est, suivant la doctrine du Nepaul,
un dieu trop élevé pour s'occuper du monde.


## III


Ces modifications de la doctrine primitivement athée
sont une preuve de la force du sentiment religieux. Elles
montrent que la croyance pratique à des dieux a prédominé sur la doctrine théorique.

Mais le caractère fondamental du bouddhisme n'a pas
été altéré par là. L'athéisme est resté le principe et l'idée
de véritables dieux ne s'est glissée que comme une
exception, une modification de la doctrine. Un monde
incréé et éternel dans lequel naissent des Bouddhas,
telle est la conception fondamentale du bouddhisme.

Le bouddhisme pratique peut être considéré comme la
forme athée du paganisme. Le brahmanisme en est
la forme théiste ou panthéiste ; sous les dieux multiples,
les néo-brahmanistes reconnaissent toujours un principe supérieur unique. — Le polythéisme gréco-romain
semble avoir été intermédiaire entre ces deux tendances,
moins théiste que le néo-brahmanisme, moins athée
que le bouddhisme.

Aussi les brahmanes ont-ils, dans leur controverse,
appuyé principalement sur ce point et accusé les
bouddhistes d'athéisme. Les bouddhistes modernes de
Siam et du Japon, bien loin de repousser le reproche
d'athéisme, se font un mérite de ne pas être soumis à
un Créateur.

# SEIZIÈME LEÇON.

## DU CULTE BOUDDHIQUE.

Le culte bouddhique comprend deux parties principales : les assemblées religieuses, et les dévotions privées.

## I

### *Assemblées.*

Le culte bouddhique ne contient rien qui ressemble au sacrifice. Le sacrifice, œuvre des brahmanes, a été négligé et passé sous silence par le Bouddha.

Comme il n'y a pas non plus de prière, les assemblées comprennent trois choses : la lecture de la loi, ou le *bana*, la prédication et les chants. La loi, qui est lue, consiste dans le canon des écritures attribué au Bouddha ; elle se fait dans une langue sacrée inconnue du peuple. La prédication roule sur les vertus du Bouddha, et sur le mérite des bonnes œuvres et principalement des aumônes. Le chant, défendu en général par la loi bouddhique, est permis quand il s'agit de chanter les textes canoniques.

Ces assemblées religieuses, fond du culte bouddhique, se sont modifiées en certains pays. Au Thibet elles ont pris la forme d'un office chanté avec toutes les apparences de l'office cérémonial catholique. En Chine, on rencontre une liturgie très analogue aux liturgies chrétiennes orientales, dans lesquelles les paroles de la consécration sont remplacées par des formules magiques.

Les bouddhistes ont construit des temples et des hypogées pour leurs assemblées ; ce sont des salles ornées de statues du Bouddha et de figures d'animaux. Elles ont une forme analogue à celle des églises catholiques ; on y voit un autel et une espèce de tabernacle contenant les reliques du Bouddha.

## II

### *Dévotions privées.*

Elles se réduisent au culte des images du Bouddha et à celui de ses reliques. Ce culte est très ancien chez les bouddhistes.

L'usage des images, inconnu aux anciens brahmanes, semble propre au bouddhisme. — Antiquités des Stupas, contenant des reliques ou destinées à conserver le souvenir de certains actes de la vie du Bouddha. — La dent du Bouddha conservée à Ceylan. — Pèlerinage chinois pour visiter l'ombre du Bouddha. — Marque du pied du Boudha. — Cérémonies consistant à brûler des parfums ou à jeter des fleurs près des statues ou des reliques. — Signification de ce culte. — Il n'implique ni prière ni invocation de Çakia-Mouni. — Les actes de dévotion envers les reliques et les statues du Bouddha sont des actes méritoires pour la vie future. — Les reliques et les images ont une puissance magique.

## III

Rôle très grand de la magie dans le bouddhisme. — Cette magie ne suppose pas toujours l'action d'esprits mauvais. — Elle est irrationnelle. — Les phénomènes miraculeux sont produits par la vertu propre des formules elles-mêmes. — La philosophie bouddhique explique la magie en disant que le monde actuel n'est qu'une illusion. — La magie a pour effet de produire une autre illusion, ou de modifier l'illusion actuelle.

## IV

En résumé le culte bouddhique est une superstition et

une idolâtrie grossière. L'idée que le Bouddha est impuissant dans le nirvana, réduit le culte à des cérémonies absolument matérielles et à une pure magie. Mais c'est un culte extérieurement brillant et qui a dû attirer les foules. — Le pèlerin chinois Fa-Hian l'appelle la doctrine des images venues d'Occident.

La plupart des ressemblances entre le culte bouddhique et le culte catholique doivent s'expliquer par les instincts de la nature humaine. Il est possible cependant qu'au Thibet et en Chine il y ait eu imitation par les bouddhistes du culte des chrétiens nestoriens.

## DIX-SEPTIÈME LEÇON.

### PHILOSOPHIE ET LITTÉRATURE BOUDDHIQUE.

### SECTES DU BOUDDHISME.

### JAINISME.

## I

La doctrine du Bouddha a certains rapports avec celle de Socrate. C'est un retour de la spéculation métaphysique vers la morale. Néanmoins, la métaphysique est rentrée dans le bouddhisme sous la forme négative. Le bouddhisme a été appelé par les brahmanes, doctrine du vide. La philosophie bouddhique est à la fois matérialiste, sensualiste et nihiliste. Elle est matérialiste, en ce qu'elle attribue les sensations aux organes, et la pensée au cœur matériel, sixième sens, *manô*. Elle est sensualiste, en ce qu'elle n'admet rien qui ne vienne des sens. Elle est nihiliste en ce qu'elle enseigne que tout est illusion. L'un des principes de la métaphysique bouddhiste est que tout être est composé de nom et de forme, *nama* et *rupa :* le nom et la forme ne sont eux-mêmes qu'illusions. La personne humaine est un composé d'éléments ; ces éléments sont eux-mêmes composés de nom et de forme. Il n'y a pas de substance ni de principe stable.

Certaines sectes bouddhistes ont cependant admis la persistance du moi humain. — Ce sont probalement les plus anciennes écoles. Les écoles modernes sont complètement nihilistes.

Bien que tout ne soit qu'illusion, les philosophes bouddhistes se sont plu à analyser l'homme et le monde. Ils ont divisé les sensations, les idées, les actes de l'homme par une foule de distinctions subtiles et inintelligibles. Ils ont également énuméré un très grand nombre de parties du corps humain. Tout être vivant est composé de cinq éléments : forme, sensation, perception, conscience, intelligence. Il y a six sens, qui chacun ont onze attributs; il y a cinq degrés de contemplation. Les bouddhistes arrivent ainsi à des énumérations de plusieurs centaines de parties. C'est une exagération de la méthode numérale de la philosophie Sankya. Les livres bouddhiques contiennent d'interminables discussions sur les espèces et les genres d'illusions, et sur la manière selon laquelle tout est illusion. Mais pour tous il n'y a de réalité nulle part.

## II

La littérature bouddhique est immense. Elle n'a encore été ni traduite, ni étudiée, ni même cataloguée. Elle est en général abstraite, insipide et fastidieuse. Les mêmes idées et les mêmes phrases sont répétées d'une manière interminable. — Elle se compose tantôt de discussions scolastiques abstraites, tantôt de récits légendaires et de véritables contes de fées, tantôt de minutieuses prescriptions disciplinaires.

Il faut faire exception pour certains livres canoniques de Ceylan, où se rencontre une morale négative élevée, avec une certaine poésie monotone, et quelques traits qui peuvent être comparés à certains textes de l'Evangile.

(*Collection des livres sacrés venus d'Orient*, par Max Muller, tome X.)

Certains récits de la vie du Bouddha et de ses disciples malgré la monotonie de la forme, sont assez touchants.

En résumé, l'infériorité de la littérature bouddhique par rapport au reste de la littérature hindoue est immense, et la doctrine négative a produit, comme on devait s'y attendre, la torpeur de la pensée.

### III

*Sectes du bouddhisme.*

Le bouddhisme s'est divisé en un nombre immense de sectes.

La principale division est celle du *Khiniana*, petit véhicule, et du *Makkaiana*, grand véhicule. Cette division n'a pas été purement doctrinale. Les pèlerins chinois du IVᵉ et du VIIᵉ siècle distinguent les couvents des deux observances répandues dans la Tartarie et l'Inde.

Le Khiniana est probablement le bouddhisme primitif. Il était déjà divisé en dix-huit sectes avant le règne du roi Açoka. Les différences portaient en général sur des observances rituelles, quelques-unes cependant sur des questions métaphysiques.

Le Makkaiana est un développement postérieur. Selon une tradition ancienne, il aurait eu pour fondateur un docteur nommé Nagarjuna, vivant quatre cents ans après la mort du Bouddha. Afin de rattacher le Makkaiana à la doctrine du maître, les makkaianistes ont supposé que Bouddha avait enseigné une doctrine secrète ; que le livre qui la contenait avait été déposé dans une région souterraine à la cour du roi des serpents, et que Nagarjuna l'avait retrouvé et publié.

Le Makkaiana se distingue du Khiniana :

1° Par un développement plus considérable de la doctrine relative aux Bodisatvas et aux Bouddhas des autres mondes, d'où résulte une diminution de l'importance de Çakia Mouni.

2° Par une métaphysique dans laquelle la doctrine du néant universel et de l'illusion est poussée à l'extrême.

3° Par une tendance à la mysticité et à la pure contemplation.

4° Par un développement beaucoup plus grand de la magie. La doctrine du grand véhicule prédomine dans le nord, dans la Chine et la Tartarie ; celle du petit véhicule, dans le sud, à Ceylan.

Au Népaul apparaissent des écoles spéciales, l'une théiste, celle de l'Adi-Bouddha ou Bouddha suprême ; d'autres naturalistes, spiritualistes et matérialistes.

Au Népaul et dans le Thibet la doctrine bouddhique se trouve mêlée au *civaisme*. Ce mélange introduisit dans la littérature bouddhique, généralement assez pure au point de vue moral, une multitude de formules et de pratiques obscènes. Les livres de cette école nommés *Tantras* sont d'une immoralité révoltante. Au Thibet la doctrine des incarnations des Bodisatvas dans la personne des Lamas semble une importation vichnouite ; nous en parlerons plus loin.

IV

*Jainisme.*

Nous pouvons rattacher, bien que d'une manière très indirecte, aux sectes du bouddhisme une religion très analogue au bouddhisme et existant encore dans l'Inde : le jainisme.

Les jainistes sont athées, comme les bouddhistes. Ils ont pour fondateur un personnage nommé Jina, qui est très analogue au Bouddha. Ils admettent des Jinas successifs.

La principale différence entre le jainisme et le bouddhisme, outre le nom du fondateur, consiste dans une austérité plus grande et plus étrange chez les jainistes.

Ils ont conservé longtemps et une partie d'entre eux conserve encore dans leurs assemblées la coutume de la nudité absolue, réprouvée par Çakia-Mouni. On les nomme Digam-baras, vêtus de l'air. On doit probablement leur attribuer les temples et les hypogées où sont représentés des personnages nus. Ils ont une littérature canonique spéciale, les livres nommés *Angas*.

Il y a trois opinions sur les jainistes. Selon l'une, les jainistes seraient des bouddhistes qui auraient modifié quelques-uns de leurs usages pour se rapprocher du brahmanisme et se faire tolérer.

La seconde opinion voit en eux une imitation du bouddhisme.

La troisième considère cette doctrine comme contemporaine du Bouddha, ou même antérieure, et comme une autre forme du même mouvement religieux qui a produit le bouddhisme. Le jainisme n'a pas été expulsé de l'Inde, comme le bouddhisme. Il ne s'est pas non plus répandu dans les pays étrangers.

## DIX-HUITIÈME LEÇON.

### HISTOIRE DU BOUDDHISME DANS L'INDE.

### I

*Le Bouddhisme avant Açoka. — 477.-250 a. J. C.*

Prédication de Çakia-Mouni. — Formation de la Samgha. — Premières controverses. — Les deux premiers conciles, l'un à Ragrajiha à la mort du Bouddha, le second à Vaisali (voir plus haut, leçon X°).

Division en sectes. — Commencement du culte des images et des reliques.

Jusqu'au temps d'Açoka le bouddhisme n'est répandu que dans le Magadha. Il n'a pas une grande importance apparente. Mégasthènes, ambassadeur de

Seleucus en 320, parle des bouddhistes sous le nom de
Sarmanes. Mais il les confond avec les ascètes brahmanes, et ne les considère pas comme formant une
communauté distincte importante.

Selon la tradition bouddhique elle-même, les rois
auraient été dès l'origine les protecteurs du bouddhisme.
Il est parlé de persécuteurs, mais qui se convertissent
promptement, ou sont punis et remplacés par des rois
favorables au nouveau culte. Un grand nombre de brahmanes embrassèrent la nouvelle doctrine. La religion du
Bouddha a profité de la large tolérance des brahmanes
pour toutes les formes d'ascétisme. Ce ne fut que plus
tard, quand le bouddhisme mieux constitué, et devenu
une religion qui attirait les masses, commença à disputer
aux brahmanes leur influence et surtout les aumônes
des riches, que la lutte commença. Le bouddhisme fut
d'abord professé par les classes supérieures, brahmanes,
kshattrias ; mais il devint assez vite populaire.

Le Bouddha, en ôtant à la caste son caractère religieux,
en admettant sans distinction des hommes de toutes
castes dans la Samgha, satisfaisait l'orgueil des classes
inférieures. Mais il ne détruisit pas la caste comme
institution sociale. Au contraire, à Ceylan la caste à
été importée par les bouddhistes.

Tout indique, pour ces débuts du bouddhisme, un
développement lent et graduel, rencontrant il est vrai
certaines résistances partielles, mais non une opposition
absolue, et constamment favorisé par l'état des esprits
et protégé par les princes.

Il n'y a donc aucune comparaison à établir entre les
débuts du bouddhisme et ceux du christianisme. On a
pu nommer avec assez d'exactitude Açoka le Constantin
du bouddhisme, mais c'est un Constantin qui n'a pas
succédé à un Décius ni à un Dioclétien.

## II

### *Règne d'Açoka Pyiadasi.*

Le déchiffrement fait il y a quarante ans par Prinsep d'un grand nombre d'inscriptions en caractères archaïques situées en divers lieux de l'Inde septentrionale, a permis d'établir, entre l'histoire faite par les Grecs et les chroniques bouddhistes de Ceylan, un lien certain et inébranlable.

Les Grecs parlent d'un roi nommé Sandra-Cottus, qui affranchit les peuples voisins de l'Indus de la domination grecque. Ce roi est le même que Kandra-gupta, mentionné par la chronique de Ceylan et aïeul du roi Açoka, le grand protecteur des bouddhistes. Enfin Açoka est le même que Pyiadasi, auteur des inscriptions déchiffrées par Prinsep.

Açoka fonda une grande monarchie contenant tout le Bengale et la partie septentrionale de l'Inde et en relation avec les Grecs et les Scythes.

Après avoir d'abord persécuté les bouddhistes, il embrassa leur doctrine. La politique et le désir de combattre l'influence des brahmanes orgueilleux et insoumis eurent peut-être leur part dans cette conversion. Néanmoins la conviction d'Açoka devint très sincère, et ses inscriptions ont un caractère de piété et de dévotion très marqué.

Açoka réunit le troisième concile à Pataliputra.

Il fit construire un grand nombre de monastères.

Il appliqua assez rigoureusement la loi de l'*ahinsa*, défense de tuer les animaux.

Il fit par ses édits de véritables prédications

Il nomma des inspecteurs de la religion dans les provinces.

Enfin il décida, à la suite du troisième concile, l'envoi de missions bouddhiques dans les pays étrangers.

Açoka a-t-il employé la force en faveur du bouddhisme?

Le bouddhisme a-t-il été toujours, comme on l'a dit, une doctrine tolérante? La question est controversée. Certains édits d'Açoka semblent indiquer qu'il a fortement poussé à embrasser la nouvelle religion. (Edit de Babra).

Quoi qu'il en soit, le règne d'Açoka a changé la destinée du bouddhisme. Une secte plus au moins obscure du Madhadha est devenue une grande religion aspirant à la conquête du monde.

### III

*Période de grande prospérité du bouddhisme.*

De l'époque d'Açoka à l'ère chrétienne le bouddhisme est en grand progrès. Les successeurs d'Açoka suivent l'exemple de ce roi.

La partie de l'Inde voisine de l'Indus est ensuite gouvernée par des rois étrangers. Il y a une dynastie grecque dont l'un des rois, Ménandre, se retrouve sous le nom de Milinda dans les livres bouddhiques de Ceylan. Ce roi a été bouddhiste et a eu de longs et fort subtils entretiens avec le docteur bouddhiste Nagasena.

Aux rois grecs succèdent des rois indo-scythes dont la domination s'étend sur la Tartarie. L'un d'eux, Kanishka, qui vivait au temps d'Auguste, réunit, selon la tradition bouddhiste du Nord, un grand concile dans sa résidence en Kashmyr.

Sous ces rois étrangers, le bouddhisme dut prospérer. Les moines bouddhistes étaient d'utiles auxiliaires pour les rois ; leurs missions étaient des moyens de rapprocher les peuples de race distincte : ils n'avaient pas l'orgueil de race et le caractère exclusif des brahmanes.

Les monastères se multiplièrent, et la nouvelle religion se répandit dans l'Inde entière.

Mais il est probable aussi que, dès cette période, la résistance des brahmanes s'organisa. S'alliant aux cultes populaires, les brahmanes commencèrent à lutter contre ceux qui leur disputaient l'influence. Au point de vue philosophique, leur controverse porta principalement sur l'idée de Dieu ; ils accusèrent le bouddhisme d'être une doctrine athée.

Au point de vue populaire, les brahmanes ayant adopté le culte de Civa et des incarnations de Vichnou opposèrent à la biographie du Bouddha d'autres biographies. — Ils opposèrent des idoles aux statues du Bouddha. Ils imitèrent la vie commune des bouddhistes et fondèrent des monastères brahmaniques, dont quelques-uns adoptèrent la règle du célibat.

Le Veda fut opposé au canon bouddhique, et un violent antagonisme s'établit entre les deux cultes.

## IV

### *Décadence du bouddhisme.*

La décadence du bouddhisme et la prédominance du néo-brahmanisme durent commencer de bonne heure.

Cette réaction fut favorisée par un grand événement, qui a laissé dans l'Inde de longs souvenirs et a servi de commencement à l'ère officielle de l'Inde néo-brahmanique (1). Ce fut l'expulsion des Çakas (Saces ou Indoscythes) et le rétablissement universel des dynasties nationales.

Ces dynasties, dont l'histoire ne peut guère se faire qu'en rassemblant les rares documents tirés des inscriptions et des médailles, furent en général vichnouites ou civaites.

Cependant il ne paraît pas que les princes indigènes aient directement persécuté le bouddhisme. Au contraire certaines inscriptions attestent qu'ils firent des donations aux monastères bouddhiques.

Le bouddhisme ne périt pas par une persécution, mais

______

(1) Ere de Vikra mitidja, commençant l'an 57 de l'ère chrétienne.

par une lente décadence dont nous pouvons, dans une certaine mesure, suivre les différents degrés.

Au IV⁰ siècle de l'ère chrétienne le pèlerin chinois Fa Hian parcourut l'Inde et trouva encore le bouddhisme en pleine prospérité, avec des monastères de 1000, 2000, 3000 religieux.

Au VII⁰ siècle Hieng-tse-Kouang parcourt les mêmes pays, et ne rencontre guère que des ruines, ou des restes de petites communautés.

Au VII⁰ siècle parut le grand docteur brahmanique, Çankara, auquel une tradition attribue la destruction de tous les monastères bouddhiques.

Mais cette tradition n'est pas exacte, car Albirouni au IX⁰ siècle, Sharastan au XII⁰, trouvent des bouddhistes dans l'Inde ; des dynasties de rois bouddhistes subsistent jusqu'à la fin du XII⁰ siècle à Behar.

On a dit que le bouddhisme avait disparu par l'effet d'une persécution universelle et violente. Cette assertion ne semble pas fondée. — L'état de division de l'Inde ne permet guère une pareille hypothèse, que rien d'ailleurs n'appuie.

Il est probable que l'invasion musulmane contribua à faire disparaître le bouddhisme, trop faible pour résister, comme le culte national des brahmanes, à cette puissante influence. Ce sont d'ailleurs les musulmans qui ont détruit le bouddhisme dans la Tartarie ; il est probable qu'ils ont continué leur œuvre destructive dans l'Inde.

Quoi qu'il en soit, à partir du XIV⁰ siècle, le bouddhisme disparaît de l'Inde et n'est plus pour les écrivains brahmaniques qu'une doctrine morte. C'est dans le Népaul seulement que les couvents bouddhistes subsistèrent.

Cet exposé montre encore l'impossibilité de comparer la révolution religieuse de Çakia-Mouni à la fondation du christianisme. Le bouddhisme n'a été qu'un accident dans la pensée religieuse et dans l'histoire de l'Inde. Il n'a pas modifié profondément la société qui existait avant lui. Sa doctrine négative et vide n'a rien enfanté de

grand ni de durable. Il a disparu par pure vieillesse après
un règne de mille ans. Le christianisme a renouvelé le
monde occidental, et s'est associé si fortement à la
civilisation générale qu'il peut être considéré comme
le terme de l'histoire religieuse de l'Occident et du
monde.

## DIX-NEUVIEME LEÇON.

### LE BOUDDHISME EN DEHORS DE L'INDE.

L'immense propagation du bouddhisme en dehors de
l'Inde s'est faite en partant de quatre foyers différents.

1. Le bouddhisme du sud a commencé à Ceylan et s'est
propagé de là à Siam et en Birmanie.

2. De la vallée de l'Indus le bouddhisme s'est propagé
en Tartarie.

3. Des missions directes ont porté à travers les déserts
le bouddhisme en Chine, d'où il s'est répandu en Corée,
au Japon et dans la Cochinchine.

4. Le Thibet, converti tard à la religion de Çakia-
Mouni, est devenu le centre d'une nouvelle forme du
bouddhisme, le lamaisme, qui s'est répandu en Mongolie
et au nord de la Chine.

## I

### *Bouddhisme du Sud.*

Le bouddhisme est, selon la tradition, porté à Ceylan par
Mahendra, fils d'Açoka, vers 250 avant Jésus-Christ.

Il se répand de là vers le IV<sup>e</sup> ou V<sup>e</sup> siècle de l'ère chrétienne dans le royaume d'Arracan, de Pegu, dans la Bir-
manie et à Siam.

Tous ces pays étaient à peu près barbares quand le
bouddhisme s'y est établi. Les moines bouddhistes ont
porté avec eux un commencement de civilisation.

Dans ces divers pays, le bouddhisme est resté stationnaire ; c'est l'ancienne doctrine athée du petit véhicule qui prévaut.

## II

Le bouddhisme s'est propagé de bonne heure dans la Bactriane et la Tartarie. Il n'a pas pu s'avancer loin dans l'ouest, parce que le polythéisme gréco-romain et le zoroastrisme lui ont résisté.

Mais au nord il a couvert la Tartarie de couvents bouddhistes que Fa-Hian au IV⁰ siècle a trouvés très florissants. Une immense statue de Maitreya avait été érigée sur les confins de la Tartarie et de l'Inde.

Hien-tse-Kouang au VII⁰ siècle décrit une magnifique procession où l'on portait une statue du Bouddha dans la ville de Khotan.

Le bouddhisme de la Tartarie a été à peu près anéanti par l'invasion musulmane. Au temps du voyage de Marco Polo, au XIII⁰ siècle tous ces pays étaient musulmans.

A une époque postérieure, les Kalmouks du Volga sont venus s'établir dans la Tartarie ; ils professent le bouddhisme sous la forme du lamaïsme du Thibet.

## III

### Le bouddhisme en Chine.

Le bouddhisme a dû être connu de très bonne heure en Chine. Il est question dans l'histoire de Chine de communications antérieures à l'ère chrétienne. En 61 après Jésus-Christ, le boudhisme fut officiellement reconnu comme religion de l'empire.

La Chine avait déjà deux religions officielles, celles de Confucius consistant dans un déisme vague joint au culte des ancêtres, et celle qui était attribuée faussement à Lao-tseu et qui n'était qu'un ramassis de superstitions magiques. — Le bouddhisme, venant de la terre sacrée et vénérée de l'Inde, apportait à la Chine ce qui lui manquait, une philosophie subtile pour les lettrés, une mythologie abondante et un culte pompeux d'images et de reliques pour les peuples.

Les destinées du bouddhisme furent variables. Combattu par les lettrés confucianistes, il fut alternativement persécuté, toléré et protégé. Il finit par devenir la religion de la plus grande partie du peuple.

Le taosisme ou la religion de Lao-tseu, prit une forme nouvelle et devint comme une imitation du bouddhisme.

Le culte de Fô (nom du Bouddha avec la prononciation chinoise) présente les caractères suivants :

Dans les nombreux couvents il y a une littérature abondante, presque entièrement composée de traduction du sanscrit, et traitant de sujets métaphysiques.

Le foïsme populaire est une grossière idolâtrie. Fô est considéré comme un dieu païen représenté par des idoles, et entouré d'autres dieux aux figures hideuses;

Les bonzes sont des magiciens.

Certaines formules bouddhistes subsistent, ainsi la trinité composée du Bouddha de la loi et de l'assemblée est mentionnée, mais souvent comme une trinité d'êtres personnels.

Les deux dieux le plus souvent adorés sont Kwaynin, ou le sauveur, et Mantchuri, le dieu national. — Dans la mythologie bouddhiste ces dieux sont des futurs Bouddhas.

L'idée de la vie future, assez faible dans le confucianisme, subsiste dans le foïsme chinois avec la notion de la métempsycose.

Néanmoins cette notion est souvent remplacée dans l'imagination populaire par celle d'un paradis de l'Ouest, ou règne le Bouddha Amitaba.

## IV

De Chine le bouddhisme s'est propagé dans la Corée vers l'an 370.

Il a été porté au Japon vers le milieu du vi<sup>e</sup> siècle et est devenu un culte national, en s'associant plus ou moins au culte de Sinto.

Les Japonais paraissent avoir accepté volontiers le côté négatif et athée du bouddhisme.

Le bouddhisme a été porté à une époque reculée en Cochinchine et au Tonkin, où il est mêlé au paganisme local. Dans l'empire d'Annam, le bouddhisme a régné, mais il a disparu, et le peuple n'a plus d'autre religion que la croyance aux génies locaux.

Le bouddhisme a été prêché dans quelques-unes des îles de la Sonde, d'où il a été chassé par le mahométisme.

Il est question d'une mission très lointaine vers l'ouest, et certains auteurs croient que les missionnaires bouddhistes auraient été jusqu'au Mexique.

## VINGTIÈME LEÇON.

### LE LAMAISME.

### 1

Le Thibet a été très tardivement converti à la religion de Bouddha. — En l'an 640 de l'ère chrétienne, le Thibet, entouré de pays bouddhistes, était encore à demi sauvage et sans autre culte que celui des génies. Le roi Ssrong-btsan-Ssgampo, qui avait épousé deux femmes, l'une fille d'un prince du Népaul, l'autre d'un empereur de la Chine, se convertit au bouddhisme et entraîna la conversion de la nation.

L'établissement du bouddhisme est accompagné d'un

progrès de civilisation. L'alphabet thibétain est inventé.

Les couvents se développent. — Les moines bouddhistes prennent le nom de lamas.

Après des alternatives de persécution et de protection, les couvents s'établissent partout; mais, contrairement à la loi de Çakia-Mouni, le mariage des lamas est permis.

Le Thibet tombe bientôt dans un état de demi-barbarie; il se constitue une féodalité analogue à celle de l'Europe. Les lamas deviennent seigneurs féodaux, et l'un d'entre eux acquiert la prépondérance.

Au XII<sup>e</sup> siècle Gengiskan, chef mongol, fonde un immense empire; il ne conquiert cependant pas le Thibet protégé par ses montagnes.

Les lamas vont à la cour de Gengiskan et essaient de le gagner à leur doctrine. Gengiskan et ses successeurs, entourés de musulmans, de bouddhistes, de chrétiens nestoriens, et de païens livrés à la magie, professent l'égalité de tous les cultes.

Chubilaï, quatrième successeur de Gengiskan, embrasse la religion bouddhique vers 1290.

Il confère la primauté dans le Thibet au lama Pappsba, et se fait sacrer par lui.

Il établit le lamaisme chez les Mongols et le transporte en Chine. Il crée un alphabet mongol pour traduire les livres sacrés thibétains et cherche à créer un alphabet chinois, mais sans succès.

Sous les successeurs de Chubilaï les lamas acquièrent une grande puissance et de grandes richesses.

A l'avènement de la dynastie de Ming, il y a une réaction contre les lamas.

A cette époque, vers l'an 1419, a lieu une grande réforme du lamaïsme. Le lama [Bsrong kapa rétablit la loi du célibat, et essaie de réprimer les pratiques magiques des lamas du Thibet. Il est le fondateur définitif de la hiérarchie et du culte lamaïque. Il est très possible que Bsrong-kapa, qui avait voyagé, ait

emprunté certains usages aux chrétiens, principalement aux nestoriens,

A cette époque furent institués les deux chefs
suprêmes du lamaïsme, le Dalai Lama, et le Bogdo
Lama, considérés comme des incarnations de certains
Bodisatvas, ou dieux bouddhiques. Ces deux chefs religieux furent solennellement reconnus par l'empereur
de Chine.

En 1550 les Mongols, qui étaient retournés au chama-
nisme de leurs ancêtres, sont convertis de nouveau. Le
chef des Mongols et le Dalai Lama se mettent d'accord,
et le chef temporel se fait sacrer par Dalai Lama.

Il fonde un patriarcat lamaïque de Mongolie.

Le Dalai Lama avait pendant ce temps acquis graduellement la souveraineté temporelle du Thibet.
En 1642 cette souveraineté lui fut solennellement con-
férée par un roi Mongol.

Au xviii° siècle, les empereurs mantchous de Chine
travaillent à restreindre le pouvoir du Dalai Lama.
En 1717 la ville sainte de Lassa est prise et pillée.

En 1790, l'empereur de Chine s'empare du pouvoir,
change le mode d'élection et ne laisse au Dalai Lama
qu'un pouvoir nominal.

Le lamaïsme, forme spéciale du bouddhisme, est maintenant professé par les Thibétains, les Mongols, les
Kalmouks du Volga. Il y a aussi des couvents lamaï-
ques dans le nord de la Chine.

Le lamaïsme a été comme une résurrection et un
développement nouveau du bouddhisme en décadence.


## II

### *Caractères du lamaïsme.*

Le lamaïsme est une forme spéciale du bouddhisme
qui présente certains caractères particuliers.

Le bouddhisme a été prêché au Thibet par des moines
de la secte du grand véhicule, et probablement par des

habitants du Népaül professant le bouddhisme uni au civaïsme et à ses pratiques immorales.

Çakia-Mouni ne paraît jouer qu'un rôle secondaire dans cette religion.

Les traits principaux de la doctrine sont :

1° La trinité bouddhique : Bouddha, Dharma, Samgha (le Bouddha, la loi, l'assemblée), les trois choses précieuses qui se sont transformées plus tard en trois personnes divines.

2° Les cinq défenses ou préceptes de morale communs à tous les bouddhistes.

3ᶜ Le culte du Bodisatva Avalo Kitecvara, le même qui est appelé Kuvaynin et considéré comme sauveur en Chine.

4° Le culte du Bouddha Amitaba régnant sur le paradis de l'Ouest, qui remplace le Nirvana dans la croyance populaire.

5° La prière magique à six syllabes *Om mané padmé hum*, répétée indéfiniment par les bouddhistes thibétains. Le sens de cette prière est probablement : Salut à Dieu né dans un lotus. Elle s'adresse à Avalo Kitecvara.

A une époque postérieure, mais assez reculée, s'introduisit l'idée d'incarnations successives d'Avalo Kitecvara et d'autres Bodisatvas.

Voici comment cette idée s'accorde avec les principes généraux du bouddhisme.

Les Bodisatvas ou futurs Bouddhas sont déjà délivrés de l'obligation de renaître.

Mais ils peuvent volontairement s'incarner pour le bien des créatures.

On admit bientôt que le Bodisatva Avalo Kitecvara s'incarnait successivement dans la personne du Dalaï Lama régnant, et qu'à la mort de ce pontife, il s'incarnerait dans son successeur.

On admit une même série d'incarnations du Bouddha Amitaba dans la personne de Bog do-Lama.

Puis, le système se développant, chaque couvent eut pour chef un dieu incarné. On alla plus loin encore. Il y eut, en outre des deux pontifes suprêmes, deux degrés de dieux incarnés, les Chutuctus et les Chubilgans.

A la mort de chaque personnage divin, on cherchait son successeur, qu'on devait reconnaître à certains signes prophétiques. On choisissait un enfant à qui l'on montrait les objets appartenant au défunt pour qu'il les reconnût.

Le gouvernement chinois a réglementé le système de cette grossière supercherie.

Le futur Dalai Lama doit appartenir à une famille désignée par l'empereur. Quant aux élections du Chutuctu ou patriarche de Mongolie, elles se font dans les bureaux de l'administration à Péking, mais on est toujours censé retrouver dans un nouveau corps le dieu qui vient de mourir.

On voit que le bouddhisme primitif disparaît sous cet assemblage étrange d'idées, mélange de pur paganisme et de l'idée d'incarnation empruntée au culte de Vichnou.

La magie est aussi un des caractères du lamaïsme.

Les prières sont des formules magiques, la valeur de ces prières tient à leur son plus qu'à leur sens. De là l'institution des moulins à prières destinée à épargner la peine de les réciter.

## V

La hiérarchie et le culte du lamaïsme présentent encore certaines particularités et une grande ressemblance avec le catholicisme.

Il y a une triple hiérarchie : 1° celle des dieux incarnés : 2° celle des lamas humains à robe jaune, tenus au célibat ; 3° celle des lamas à robe rouge, qui peuvent se marier et jouent le rôle de prophète et de magicien.

Les couvents d'hommes et de femmes sont nombreux et très-riches.

Il existe dans le lamaïsme tout un système d'études.

Le thibétain a remplacé le sanscrit comme langue canonique.

Les études durent douze ans.

Il y a des lamas très instruits : les couvents ont de très riches bibliothèques.

Une sorte d'office canonique existe dans les couvents du Thibet. Le chœur et les salles sont disposés comme dans les couvents catholiques.

Le supérieur donne la bénédiction pendant laquelle on se prosterne.

Il y a des institutions analogues aux sacrements : un baptême, une espèce de confirmation, une préparation à la mort, des cérémonies funéraires.

En un mot, on trouve au Thibet les apparences extérieures du catholicisme, hiérarchie, pontificat suprême, liturgie et office canonial.

Les premiers voyageurs qui ont eu connaissance du lamaïsme ont vu dans cette religion une copie directe du catholicisme.

C'était une opinion erronée, car le lamaïsme est une branche du bouddhisme. Les bases de la règle monastique remontent à un temps antérieur au christianisme.

Mais il est très possible et assez vraisemblable qu'il y ait eu des influences chrétiennes, soit catholiques, soit nestoriennes, dans la formation définitive du lamaïsme. Cette formation ne remonte qu'au commencement du xv° siècle à la réforme de Bsrong kapa.

## VINGT ET UNIÈME LEÇON.

ETAT ACTUEL DU BOUDDHISME, CONCLUSIONS GÉNÉRALES.

### I

*Etat actuel du bouddhisme.*

Le bouddhisme est actuellement chassé de l'Inde et de la Tartarie où il a régné.

Il existe, sous la forme méridionale, probablement la plus antique, à Ceylan, à Siam et en Birmanie :

Sous la forme septentrionale du grand véhicule, en Chine, dans le Tonkin, l'Indo-Chine, la Corée et le Japon.

Sous la forme plus moderne du lamaïsme, au Thibet dans la Mongolie, la Mantchourie, la Chine septentrionale et chez les Kalmouks du Volga.

L'estimation du nombre des bouddhistes est très incertaine. Certains auteurs comptent 350 millions de bouddhistes, d'autres vont jusqu'à 500 millions.

Dans tous ces pays le bouddhisme est en pleine décadence. Il ne se propage plus, et ne se soutient que par la force de l'instruction monastique.

Presque partout il a la forme d'un grossier paganisme, mêlé de magie et de superstition.

Le côté élevé et moral n'existe guère que dans la littérature et n'a pas d'influence sur les masses.

Comme action sociale, le bouddhisme est presque nul. Il n'a réformé ni les mœurs ni les coutumes odieuses des peuples qui le professent. La polygamie, la polyandrie même existent dans les pays bouddhistes.

Il a produit un certain adoucissement des mœurs par la loi de ne pas tuer d'animaux. Les Mongols, devenus lamas ou serviteurs des lamas, ont perdu leur vertu militaire. Mais le bouddhisme de la Chine n'a pas détruit la coutume de l'infanticide.

Le service le plus certain que le bouddhisme ait rendu à l'humanité a été la propagation de l'instruction primaire et de l'alphabet, nécessaires pour la transcription des livres sacrés.

Le bouddhisme n'a pas d'avenir. Étroitement lié à l'institution monastique, il périrait si elle était dissoute.

Des efforts ont été faits pour le ressusciter dans deux sens différents. Au Japon et à Siam, certains personnages ont voulu se servir des doctrines négatives du bouddhisme pour l'assimiler et l'unir aux doctrines rationalistes et athées de l'Europe. D'autres personnes ont cherché à propager la magie bouddhique et à donner ainsi à cette religion une base miraculeuse actuelle. Mais ces tentatives sont vaines. La philosophie négative et la pure magie ne sont pas propres au bouddhisme ; elles peuvent exister sous de tout autres formes, ni l'une ni l'autre ne fera vivre la religion de Çakia-Mouni.

## II

### *Conclusions générales du cours de cette année.*

Après avoir terminé la longue étude que nous avons faite de l'étrange religion de Çakia-Mouni, de cette doctrine si semblable sous certains rapports au christianisme, si opposée à un autre point de vue, j'ai pensé que la meilleure manière de résumer les résultats que nous avons obtenus serait d'examiner quels arguments on peut tirer de l'existence du bouddhisme dans la discussion de trois questions importantes agitées de nos jours : celle de l'universalité de la croyance en Dieu, celle du fondement de la morale et celle de la divinité du christianisme. Voici comment se présentent ces trois questions.

1° Le bouddhisme est-il une religion athée ? et les 400 millions de sectateurs de ce culte sont-ils une exception au fait universel de la croyance à une divinité ?

2° Le bouddhisme fournit-il l'exemple d'une morale indépendante de Dieu et de la religion, comme celle qu'on voudrait établir de nos jours ?

3° Le bouddhisme, considéré dans son ensemble, est-il comparable au christianisme, et les causes qui suffisent à expliquer le succès de la doctrine de Çakia-Mouni suffiraient-elles pour rendre raison du grand fait de la fondation et de la durée de l'Eglise chrétienne ?

### *Première question.*

L'accusation d'athéisme portée contre la religion de

Bouddha est très ancienne. C'est le grand argument des brahmanes. Vous êtes athée, vous ne reconnaissez pas d'*Isvara*, de seigneur, de maître du monde. Telle est la grande accusation portée par ses adversaires contre la religion nouvelle établie dans l'Inde cinq siècles avant l'ère chrétienne. Les bouddhistes ne contestèrent pas l'accusation, ils s'en firent plutôt gloire, et de nos jours encore je lisais récemment dans un livre sur le Japon qu'un bouddhiste de ce pays disait à un Européen : « Notre religion est plus noble que la vôtre, parce que nous sommes libres et que nous ne reconnaissons pas de Créateur. »

Lorsque les livres canoniques bouddhiques ont commencé à être livrés au public européen, la même accusation fut portée contre eux par les savants.

M. Barthélemy Saint-Hilaire, dans la préface de son livre sur le bouddhisme, considère le bouddhisme comme imprégné des doctrines de l'athéisme et du matérialisme moderne. Il déclare que c'est pour montrer le danger de ces doctrines qu'il écrit. Après quoi il expose que le bouddhisme, bien qu'athée et matérialiste, est une admirable religion, qui a produit des effets merveilleux, a renouvelé la société et créé des saints. C'est une singulière manière de combattre l'athéisme.

Nous croyons pouvoir montrer que le bouddhisme dans son ensemble est moins athée qu'on ne se l'imagine. Nous montrerons plus loin qu'il a été aussi moins bienfaisant pour l'humanité.

Sur quoi est fondée l'accusation d'athéisme portée contre la religion du Bouddha ?

Ce n'est pas sur l'absence de dieux dans le culte bouddhique. Les dieux au contraire, si l'on prend ce mot dans un sens large, les êtres supérieurs à l'homme que l'on peut invoquer, sont très nombreux, il y a des multitudes de dévas et de brahmas dans la religion bouddhique. Tout l'ancien panthéon brahmanique est entré dans le bouddhisme, qui a accepté également sans difficulté les dieux des divers pays où il s'est établi.

Ce n'est pas non plus proprement l'absence d'un Dieu

suprême. Le Dieu suprême n'existe pas dans certains cultes païens, qui cependant ne sont pas considérés comme athées. Dans le vieux culte védique, chaque dieu est alternativement considéré comme le premier être ; il en est de même dans le culte égyptien.

Ce qui fait que le bouddhisme est athée, c'est d'une part le caractère subordonné des dieux qu'il admet, qui fait qu'ils ne méritent pas le nom de dieu. C'est d'autre part la suprématie du Bouddha, qui possède la plupart des attributs divins, et qui cependant, n'ayant aucune action sur le gouvernement du monde, ne saurait être appelé dieu.

Les devas, ces dieux inférieurs du bouddhisme, diffèrent des dieux païens en ce qu'ils sont essentiellement mortels. Selon la doctrine du Bouddha, l'empire de la mort est universel ; elle atteint tous les êtres qui ont une existence active quelconque. On ne peut lui échapper qu'en entrant dans l'état du repos ou d'anéantissement du Nirvana.

Mortels comme les autres êtres, les dieux inférieurs du bouddhisme sont de même espèce qu'eux. Brahmas, dévas, hommes, animaux, monstres infernaux, tous les êtres sont de même nature, tous ont primitivement les mêmes droits ; il n'y a de différence entre eux qu'une différence d'états provenant de leurs mérites ; c'est la démocratie la plus absolue qui se puisse imaginer.

On comprend que de tels dieux ne sauraient gouverner le monde. Le monde, selon les bouddhistes, est gouverné par une loi physico-morale nécessaire, la loi du Karma, la loi des mérites et des démérites. Chacun reçoit la peine ou la récompense de ses actions passées, et chaque action bonne ou mauvaise produit son fruit au bout d'un temps indéterminé, mais d'une manière infaillible. C'est cette loi inexorable, abstraite, inconsciente, qui régit l'univers ; rien ne lui échappe et elle ne fait grâce à personne, elle est la vraie providence du bouddhisme.

Qu'est-ce maintenant que le Bouddha, ou plutôt que

sont les bouddhas, ces êtres exceptionnels dont Çakia Mouni est le type, et qui, selon une doctrine très ancienne parmi les bouddhistes, apparaissent périodiquement dans l'univers?

Ce sont des êtres de même nature que les autres, qui, après une série d'existences parmi lesquelles ils acquièrent des mérites incalculables, deviennent d'abord dieux inférieurs (dévas) et règnent dans un des cieux de la cosmologie bouddhique; ensuite ils deviennent hommes; puis à un certain moment de leur vie, à la suite d'austérités et de méditations, ils acquièrent la science parfaite et deviennent bouddhas accomplis.

Dès lors, pendant tout le reste de leur existence terrestre, ils deviennent de véritables dieux. Ils ne gouvernent sans doute pas l'univers, ne modifient pas la loi du Karma, mais ils sont doués de l'omniscience, connaissent le passé et l'avenir.

Ils ont toutes les vertus, un pouvoir magique et surnaturel auquel toute la nature obéit. Ils sont l'objet de l'adoration de tous les êtres. Tous les dévas et brahmas des différents ciels, les dieux de toutes les nations adorent le Bouddha. Le Bouddha, la loi qu'il a prêchée, l'assemblée de religieux qu'il a fondée, constituent une trinité suprême qui est l'objet de l'adoration et qui est considérée comme ce qu'il y a de plus beau et de plus précieux dans l'univers entier.

Mais cette puissance divine effective n'est pas de longue durée. Bientôt, semblable au soleil qui se couche, le Bouddha meurt ou plutôt entre dans le nirvana, état mystérieux qui est peut-être le néant, peut-être le repos inconscient, peut-être un repos accompagné de conscience et de plaisir, mais qui sépare celui qui y entre de tout rapport avec l'univers.

Ainsi disparu de la terre, le Bouddha vit cependant dans le cœur de ses fidèles. Il reste l'objet de leur adoration. On raconte sa vie, on se dispute ses reliques, on vénère les lieux où il a passé; on commence à reproduire son image et à lui rendre des honneurs.

Le Bouddha dans le nirvana reste le centre du culte, il a plus d'action sur l'imagination des fidèles que les dévas et les brahmas, qui vivent dans les différents séjours célestes.

Telle est la doctrine orthodoxe du bouddhisme.

On peut à juste titre l'appeler athée, car elle n'admet aucun dieu proprement dit, non pas seulement aucun dieu semblable à Jéhova, mais aucun dieu semblable aux grands dieux païens, à Jupiter ou Apollon.

Le Karma ou la loi suprême de la métempsycose n'est pas un dieu, car c'est une loi impersonnelle et abstraite.

Bouddha n'est pas un dieu, car il ne gouverne pas l'univers et n'entend pas ceux qui l'invoquent.

Les dévas et les brahmas ne sont pas de vrais dieux, car ce sont des êtres inférieurs, mortels, subordonnés au karma et au bouddha, de même espèce que les hommes, capables de pécher et par punition de renaître comme hommes ou animaux.

C'est donc un athéisme officiel. Mais il importe de remarquer d'abord combien cet athéisme diffère de l'athéisme moderne.

Un athéisme qui comporte l'invocation de milliers de génies d'espèce d'anges ou d'archanges ; un athéisme dans lequel se trouve un être humain dont la vie est connue, et qui est adoré comme l'Être parfait, est un bien étrange athéisme.

En réalité, dans le bouddhisme, les deux sentiments qui constituent les rapports entre l'homme et Dieu, l'invocation et l'adoration, subsistent tous deux ; seulement ils sont séparés quant à leur objet. On peut prier, mais on ne prie que les dévas et les brahmas, génies inférieurs. On peut adorer, mais on n'adore que le Bouddha, être parfait mais impuissant et inactif.

Dans les cultes où se trouvent de vrais dieux, l'invocation et l'adoration s'adressent aux mêmes êtres.

Dans le bouddhisme ces sentiments s'adressent à des êtres différents. Dans l'athéisme moderne ils sont tous deux supprimés.

Que l'on appelle donc le bouddhisme religion athée, l'expression sera exacte, pourvu que l'on considère le mot *religion* comme conservant son vrai sens, et simplement modifié par ce mot *athée*. On pourra aussi dire que le bouddhisme est l'athéisme religieux, mais en considérant le mot religieux comme restrictif de celui d'athéisme. Les doctrines modernes seront au contraire qualifiées d'athéisme irréligieux, ou simplement d'irréligion.

Elles suppriment totalement le terme des sentiments qui constituent la religion. Le bouddhisme divise ce terme en deux, l'un pour l'adoration, l'autre pour la prière.

Mais nous pouvons aller plus loin. La doctrine que nous venons d'exposer, et qui mérite réellement la qualification d'athéisme, est la doctrine officielle du culte canonique, et principalement du culte canonique du Sud.

Il nous reste à voir si cette doctrine, si cet athéisme mitigé si étrange, est vraiment la croyance populaire de 400 millions d'hommes qui se prétendent les disciples de Çakia Mouni.

Or il y a d'abord une immense restriction à faire.

Dans le bouddhisme du Nord, dans celui du Thibet, de la Mongolie et de la Chine, une grave modification est apportée d'une manière générale à la doctrine exposée plus haut.

Par suite probablement du besoin d'un être assez parfait pour être adoré et assez vivant pour être invoqué, les bouddhistes du Nord, les sectes du grand véhicule ont ajouté, ou même quelquefois substitué au culte du boudha défunt Çakia Mouni, le culte des bouddhas futurs. Comme les futurs bouddhas sont dans le ciel à titre de dieux avant de devenir hommes, ils réunissent la puissance protectrice des dévas à la perfection des bouddhas.

Il est vrai qu'ils n'ont pas encore acquis la suprême sagesse, mais ils sont si près de l'acquérir, et il s'en faut de si peu qu'ils ne la possèdent, qu'on peut presque les égaler aux vrais bouddhas.

On a alors des bouddhas vivants dans le ciel, des bouddhas qui sont de vrais dieux réels, et qui éclipsent les bouddhas passés du nirvana.

Ces bouddhas acquièrent les attributs divins; ils gouvernent le monde, ils dirigent la transmigration des âmes, ils viennent sur la terre pour sauver l'humanité. Avant leur dernière incarnation dans laquelle ils doivent devenir bouddhas parfaits, pour passer ensuite dans le nirvana, ils apparaissent déjà sous des formes humaines par des incarnations successives. Ce sont ces bodisatvas (bouddhas futurs) qui sont censés s'incarner dans la personne du Dalai Lama du Thibet, et des autres lamas divins de la hiérarchie thibétaine.

Or, le culte ainsi modifié ne mérite plus la qualification d'athéisme. Les bodisatwas vivants, capables de s'incarner; gouvernant le monde et écoutant la prière, sont de vrais dieux païens.

Maitreya, Kwaynin, Mandchuri sont devenus les équivalents de Jupiter et de Neptune. Le bouddhisme du Nord est, par un artifice de doctrine, retourné au pur paganisme.

Il est vrai que le principe de la métempsycose subsiste. Les bolisatas, comme les autres êtres, doivent passer alternativement par la mort et la vie. Mais ce principe lui-même est affaibli, au moins dans l'imagination. Il y a des cieux où l'on vit si longtemps, des enfers où l'on reste tant de siècles, que cela équivaut à l'éternité.

La métempsycose, doctrine hindoue antérieure au bouddhisme, est, au nord de l'Himalaya, une doctrine étrangère bien moins puissante que dans son pays d'origine. Aussi les bodisatvas qui s'incarnent semblent être immortels en apparence ; leur entrée future dans le nirvana est oubliée. Or le bouddhisme du nord que nous venons d'exposer est la partie la plus importante de la masse immense des sectateurs du Çakia-Monni. C'est l'empire chinois qui forme la plus grande proportion des bouddhistes de l'Asie, si à la Chine on joint le Japon, la

Cochinchine et les portions russes de la Sibérie et de la Tartarie où se trouvent des bouddhistes, on réunit une masse de deux cents à trois cents millions de sectateurs du Bouddha, certainement plus de la moitié ou même des deux tiers de ceux du monde entier. Toutes ces populations échappent à l'accusation d'athéisme ; elles sont simplement païennes.

Restent le bouddhisme du sud, celui de Ceylan, de la Birmanie, de Siam.

Là c'est la doctrine que nous avons exposée tout d'abord ; c'est l'étrange orthodoxie athée dont nous avons parlé qui semble prévaloir, non seulement dans les livres, mais dans les croyances. Selon Spence Hardy et Bigandet, les bouddhistes de Ceylan et de Birmanie n'invoquent que des génies inférieurs, ou bien leurs prières sont de simples formules magiques. Lorsqu'ils vénèrent les reliques du Bouddha ou lorsqu'ils présentent des fleurs ou de l'encens à ses statues, ils savent qu'ils n'ont devant les yeux que les restes et l'image d'un homme mort ; ils n'attendent rien de lui, et s'ils croient que leur acte sera efficace pour leur bien, c'est en vertu de la loi du Karma et en tant qu'actes méritoires.

Nous ne pouvons contredire le témoignage de ces hommes qui ont vécu sur les lieux. Néanmoins nous observerons dans le livre même de M. Bigandet un fait qui va contre sa théorie : il a remarqué que les birmans disent vulgairement dans la langue Phra-Kaipe : Que Bouddha me protège.

D'autre part, il semble difficile que l'on vénère avec tant de soins les reliques et la statue d'un homme, sans que spontanément l'idée de l'existence de cet être et de son action pour nous faire du bien ne naisse pas dans l'esprit. Nonobstant, le catéchisme athée des moines bouddhistes, l'idée des bouddhas, dieux réels et agissants, doit se former dans l'imagination et le cœur des adorateurs. Si cette idée ne se forme pas, l'idée fétichiste de la divinité des reliques ou des images, l'idée purement idolâtrique a dû naître.

Il semble impossible que des actes si semblables à ceux des païens qui croient à la réalité de leurs dieux soient accomplis, sans que cette réalité ne soit soupçonnée ou inventée au moins par l'imagination.

Nous supposerons donc qu'un plus rigoureux examen de l'état d'esprit des bouddhistes amènera à reconnaître qu'ils sont plus païens, plus fétichistes et moins athées que ne l'enseignent leurs livres.

Ainsi ce serait à tort que l'on apporterait en témoignage contre l'universalité de la croyance en Dieu ces cinq cents millions de bouddhistes.

La plus grande partie de ces malheureux ont sur la divinité des idées grossières analogues à celle de tous les peuples.

L'athéisme qui se trouve dans les livres canoniques bouddhiques est une doctrine d'écoles et de monastères. C'est probablement la doctrine de Çakia-Mouni lui-même conservée par ses disciples et enseignée dans les couvents.

Mais cette doctrine a été gravement modifiée dans les couvents du Nord (grand véhicule), et même dans le Sud, et cet enseignement d'athéisme n'a probablement pas atteint profondément les masses populaires. S'il a produit sur elles un effet, c'est dans le sens de la superstition, du fétichisme d'une religion matérielle et de la magie, et non dans le sens de l'incrédulité véritable. Bien loin donc que le spectacle des populations bouddhistes témoigne contre l'universalité de la croyance en Dieu, il semble au contraire que la vanité de la tentative du Bouddha, anéantie dans l'Inde par le retour du brahmanisme, modifiée et transformée au Thibet et en Chine, est une preuve de la ténacité avec laquelle l'humanité dans toutes les races tient à avoir des dieux, à les adorer et à les invoquer. La théorie bouddhique peut être athée, la pratique est profondément religieuse et pénétrée de l'idée de divinités multiples qu'il faut à la fois adorer et invoquer.

C'est en vain qu'une secte étrange de moines athées

a essayé de chasser la Providence et d'anéantir l'idée de Dieu. Les instincts des populations ont résisté à cet effort impie, et à la place des anciens dieux ils ont créé des dieux nouveaux.

Telle est notre réponse à la première question : Le bouddhisme est-il une religion athée? Passons à la seconde.

## II

Les sentiments sont unanimes sur le morale bouddhiste ; elle est pure, élevée et austère. Elle diffère cependant en certains points de la morale chrétienne.

Outre les devoirs envers Dieu qui n'y figurent pas, outre la loi chétienne du mariage unique et indissoluble qui en est absente, nous pouvons dire avec M. Oldenberg que l'amour du prochain que prescrit et qu'inspire la loi du Bouddha est bien moins ardent, moins énergique que celui qui est inspiré par l'Évangile. C'est une sorte de bienveillance générale pour toutes les créatures, ce n'est pas l'héroïsme de la charité. Le bouddhisme demande plutôt de ne pas haïr que d'aimer, et encore cette défense de haïr n'est pas, comme dans le christianisme, une rigoureuse obligation imposée par un maître : c'est un conseil pour être heureux en ce monde et en l'autre.

Malgré ces réserves on ne saurait nier qu'il n'y ait dans le bouddhisme une très belle morale.

Maintenant quel est le principe de cette morale? Est-ce une morale purement humaine, comme celle qu'on prône aujourd'hui? Est-ce une morale sans principe métaphysique? Nullement. Le principe fondamental de la morale bouddhique est connu. C'est la loi du Karma, la loi de la métempsycose et de la rétribution dans des existences postérieures du bien et du mal accompli dans l'existence présente.

On sait avec quelle rigueur cette rétribution s'accomplit selon la croyance bouddhiste.

Tous les actes ont leurs conséquences, tous les maux de la vie proviennent d'une faute. Pour avoir fait crever les yeux à 500 gazelles, Kunala doit renaître 500 fois et avoir autant de fois les yeux crevés.

Faut-il en conclure que la morale bouddhique est absolument intéressée? Je ne crois pas que ce soit exact. L'idée de récompense présuppose celle du bien, l'idée de punition celle du mal. Avant d'être puni, il faut que le mal soit mal, et il ne peut l'être que parce qu'il y a une obligation de ne pas le faire.

On peut donc admettre que la loi du Karma, tout étant une loi de sanction, est en même temps une loi d'obligation, qu'elle défend en même temps qu'elle punit.

Or cette loi est le principe fondamental du monde selon les bouddhistes, principe inconscient et abstrait dans sa nature, mais souverainement efficace.

C'est ce principe supérieur à tous les êtres et les tenant sous sa dépendance qui est la base de l'ordre moral.

La morale bouddhique n'est donc pas indépendante d'un principe supérieur ; elle dépend du Karma.

Le bouddhiste ne se crée pas sa loi à lui-même ; il la reçoit d'en haut, d'un principe de justice supérieur et éternel, la loi du Karma.

Elle diffère de la loi chrétienne en ce que pour nous ce principe supérieur est une personne, c'est Dieu. Là se trouve la véritable différence, mais sous les autres rapports le fondement de la morale est le même. C'est toujours un principe métaphysique, un principe supérieur à l'homme, éternel, nécessaire, un principe d'où résultent à la fois l'obligation et la sanction. Rien donc n'est plus différent que la morale bouddhique et la morale indépendante actuelle.

Maintenant, entre le principe bouddhique et le principe chrétien, entre la loi absolue, nécessaire et immanente de la justice, et le Dieu qui récompense et punit, lequel est le plus conforme aux besoins de l'humanité ?

Il y a des gens de nos jours qui préféreraient une loi nécessaire.

Leur orgueil s'irrite d'être soumis à un juge ; ils préféreraient être soumis à une nécessité qui serait la sanction naturelle du bien et du mal. Quelques-uns se contentent de la sanction qui a lieu ici-bas, bien insuffisante cependant. D'autres voudraient ressusciter la métempsycose, et proposent comme un voyage d'étoile en étoile, sous l'action de cette nécessité, qui récompenserait la vertu et punirait le vice.

Je ne sais si ceux qui soutiennent ces doctrines qui ont une certaine faveur de nos jours, ont réfléchi à la conséquence de leur théorie.

Cette conséquence terrible, les bouddhistes l'avaient comprise et pourraient leur donner des leçons.

Pour peu que l'on veuille conserver une morale quelconque, je ne dis pas la morale pure du christianisme ni même celle du Bouddha, mais une morale honnête, une morale qui ne soit pas la tolérance du vice, on sera frappé, en considérant l'humanité, de l'immense nombre des infractions à la loi morale qui s'accomplissent chaque jour : on sera frappé de l'immense écart entre la loi de la conscience et les pratiques de l'humanité.

Si donc le monde tel qu'il est, au lieu d'être soumis au jugement d'un Dieu juste mais miséricordieux, était soumis à l'action d'une loi de rétribution fatale s'accomplissant dans des existences successives, si les fautes innombrables qui se commettent ne pouvaient être expiées et devaient produire dans l'avenir qui suivra la mort des souffrances proportionnées à leur gravité, si, comme tout tend à le faire croire, l'homme devait rester le même dans les existences futures semblables à celle-ci, qui ne voit que les malheureux qui pèchent si souvent ici-bas et qui doivent continuer à pécher ailleurs, seraient soumis à un cercle indéfini de punitions sans cesse renouvelées et que le cercle des existences deviendrait un cercle de châtiments ?

Cette conception pessimiste de l'univers, qui est la

conception bouddhique, est la conséquence logique du principe du Karma ou de la rétribution nécessaire, joint au spectacle de la corruption de l'univers.

Pour la remplacer, comme on essaye de le faire de nos jours, par l'hypothèse d'un progrès indéfini et c'un bonheur croissant, il faut avoir oublié ou bien ce qu'est la loi morale, ou bien ce qu'est l'homme. Si vraiment le bonheur suit nécessairement la vertu, si le malheur suit le vice, l'humanité doit être malheureuse, et s'il faut supposer qu'il y ait des êtres qui échappent à la condamnation générale, ces élus de la morale fatale et rigoureuse seront bien moins nombreux que les élus de la loi de grâce du christianisme.

Aussi nous devons confesser que, le principe d'une morale nécessaire produisant une sanction après la mort étant posé, le bouddhisme est logique. Il est logique, étant donnée une telle loi, de considérer l'humanité comme condamnée au malheur et l'existence comme un mal. Il est logique de proposer comme moyen d'échapper à cette condamnation, de se renoncer soi-même, de combattre ses passions, d'anéantir les désirs qui finissent toujours par porter, quand on ne les réprime pas, vers quelque chose de défendu. Il est logique enfin de n'espérer d'état fixe que le néant, parce qu'une loi nécessaire et inconsciente ne peut pas créer un véritable bonheur éternel.

L'idée d'un Dieu qui juge les hommes, mais d'un Dieu qui pardonne au repentir, d'un Dieu créateur qui est le père de ses créatures, et connaît leurs faiblesses, n'est-elle pas, même avec l'éternité de l'enfer, infiniment préférable à cette épouvantable machine du Karma Bouddhique, à cette loi nécessaire de rétribution, impitoyable pour toutes les faiblesses des hommes.

Sans doute il y a quelque chose de noble et de grand dans la conception de cette loi morale et physique à la fois ; sans doute aussi il y a quelque chose de glorieux dans l'idée que cette loi de châtiment peut être vaincue par la vertu et lorsque le Bouddha s'écrie en triomphateur : « Je t'ai découvert, principe de la concupiscence qui est le fabricateur de cette tente de l'existence actuelle, je t'ai découvert, et je t'ai vaincu, tu ne me feras plus renaître ! » il y a quelque chose de beau dans ce triomphe.

Mais combien est petit le nombre des hommes, à l'âme desquels convient cet orgueilleux stoïcisme ! Combien une telle doctrine est accablante pour la conscience qui sent sa faiblesse !

On raconte qu'un incrédule mourant, tourmenté par sa conscience, disait : « Je sens que j'ai mal fait, mais je ne sais pas à qui demander pardon. » Tel est l'état de la conscience de celui qui serait persuadé uniquement du principe bouddhiste de la rétribution nécessaire et fatale.

On le voit donc, la morale bouddhique n'a aucun rapport avec la prétendue morale purement humaine et optimiste des positivistes modernes : c'est la morale chrétienne, moins le pardon. Elle a toute la rigueur de la morale fondée sur l'idée de Dieu, et y joint toute la dureté qui résulte de l'idée d'une fatalité sans amour ni pardon.

Entre les deux, le choix n'est pas douteux.

D'ailleurs, à un autre point de vue, la morale fondée sur Dieu est encore supérieure. La morale bouddhiste dépend d'un principe supérieur, mais d'un principe irrationnel et indémontrable.

Cette loi physico-morale qu'ils supposent est démentie par l'expérience. Nous savons comment meurent et naissent les êtres vivants ; rien ne nous montre que chaque mort soit suivie d'une renaissance et que les chaque fautes produisent fatalement le châtiment.

L'idée d'un Dieu juste est au contraire fondée sur la raison, et sur une philosophie saine. Des deux explications de ce cri de la conscience qui demande une rétribution, l'explication chrétienne par l'idée de Dieu est donc aussi vraie qu'elle est consolante, l'explication bouddhique est aussi irrationnelle qu'elle est désespérante.

Néanmoins, mieux vaudrait la morale bouddhique

avec ses conséquences pessimistes que la prétendue morale sans Dieu et sans vie future qu'on veut inaugurer de nos jours.

La première, en effet, conserve sa force à l'obligation et sa valeur à la conscience, la seconde les mine et les détruit toutes deux.

## III

Arrivons enfin à la dernière question que nous avons posée : celle de la comparaison entre le bouddhisme et le christianisme au point de vue de leur influence dans le monde, et par conséquent au point de vue de la force naturelle ou surnaturelle, divine, humaine ou diabolique qui est nécessaire pour les expliquer.

Au premier abord, l'œuvre du Bouddha dans l'Orient semble l'image et la contre-partie de celle du christianisme dans les régions occidentales. De part et d'autre, nous voyons une immense rénovation religieuse commençant à une époque historique et se développant jusqu'à nos jours. Quant à l'étendue, les deux religions peuvent être comparées. Le nombre de leurs adhérents est à peu près le même. Le christianisme a l'avantage d'une plus grande dispersion dans l'univers. Mais si nous considérons l'œuvre produite, la différence éclate.

Et d'abord le christianisme établit partout le culte d'un seul Dieu et détruit les superstitions et le paganisme.

C'est sa grande œuvre, œuvre très difficile, que les philosophes n'ont jamais accomplie. Détrôner Jupiter et Vénus c'est ce qu'ont fait les martyrs et ce qu'eux seuls ont pu faire. On parle de la liberté de l'esprit humain ; cette liberté ne peut exister que lorsqu'il est affranchi de traditions mensongères et vaines ; ces traditions ont été partout détruites par le christianisme. On sait à quel prix ; le sang des martyrs l'atteste. On se rappelle aussi qu'en Chine c'est pour avoir tenu à cette règle rigoureuse que le christianisme est persécuté. Le bouddhisme n'a fait rien de semblable. Il s'est associé à toutes les superstitions des divers peuples. Il a adopté les dieux brahmaniques, les génies des Birmans, les divinités nationales du Japon.

Non seulement le bouddhisme n'a pas combattu les superstitions populaires, mais il les a multipliées, son principe philosophique l'y poussant. Au fond la philosophie bouddhique, c'est la doctrine du vide et de l'illusion universelle. Point de substance, point de personne, point de corps, des apparences, des sensations, des illusions. Rien n'est réel, tout est vide. Tel est le fond des interminables ouvrages de la scolastique bouddhique, les plus ennuyeux et les plus monotones qui aient jamais été rédigés. Les écoles ont rivalisé de passion pour le néant et le vide.

Mais si tout est illusion, en quoi l'erreur diffère-t-elle de la vérité, le songe de la veille, la forme du fond, le mot de la pensée, le nom de l'être qu'il désigne? En rien évidemment.

Aussi cette doctrine, spéculativement nihiliste, devient en pratique la doctrine de la magie. Prières efficaces sans significations, moulins à prières, cérémonies magiques de toutes sortes, influence bienfaisante et propice de reliques du Bouddha, de ses statues, de son ombre, miracles irrationnels et sans cause, fantasmagorie de faits miraculeux analogues aux féeries réalisées sur les théâtres, mélange très fréquent avec la magie noire et des pratiques occultes destinées à répandre le malheur, la maladie et la mort autour d'elles : telle est l'histoire du bouddhisme, tel est le tableau qu'il nous présente dans la plupart des régions où il est établi.

Or faire cela, surtout en Orient, ce n'est pas lutter contre les instincts crédules et superstitieux, c'est au contraire céder à ces instincts et les exploiter : rien de plus facile, rien qui exige moins une force supérieure. La crédulité des Mongols est proverbiale ; leur faire croire que les lamas sont des dieux incarnés, c'est abuser de leur faiblesse, ce n'est pas exercer sur eux une influence efficace et bienfaisante.

En second lieu le christianisme a établi partout la grande loi du mariage unique et indissoluble et exclu ces unions incestueuses qui étaient de règle chez un grand nombre de peuples. Cette règle imposée à tous, même aux souverains, est bien autrement rigoureuse à établir que celle du célibat volontaire des religieux, surtout quand il est permis, comme il l'a été de tous temps chez les bouddhistes, de renoncer à l'engagement et de retourner à la vie du monde. On sait combien encore cette défense de la loi du mariage a causé d'obstacles à la diffusion du christianisme. Le bouddhisme ne fait rien de semblable. Là où il est établi, la polygamie subsiste. Au Thibet la polyandrie reste dans les mœurs, bien que ce soit le pays bouddhiste par excellence.

Le christianisme a transformé la société gréco-romaine et créé les sociétés modernes qui sont à la tête de la civilisation. Qu'a fait le bouddhisme de semblable? Dans l'Inde il a trouvé la société brahmanique établie. Il l'a très peu modifiée. Le régime des castes n'a pas été aboli ; quoi qu'on ait dit à ce sujet, l'état social est resté à peu près le même.

Du reste le bouddhisme n'a pas triomphé dans l'Inde ; il n'a jamais prédominé sur le brahmanisme et il en a été expulsé.

Dans la Chine, le bouddhisme, on le sait, est devenu une religion populaire, mais il n'a jamais conquis les lettrés et les classes supérieures et on n'aperçoit pas depuis son interdiction un changement véritable dans l'état social des Chinois.

L'influence du bouddhisme a été plus grande dans le Thibet et dans l'Indo-Chine ; là des sociétés à demi civilisées se sont créées sous son influence, mais quelles sociétés ! des sociétés de troisième ordre, sans littérature originale, sans puissance politique, sans vie propre, très inférieures aux sociétés de l'Inde brahmanique et de la Chine, et à plus forte raison à celle de l'Europe.

Ce que le bouddhisme a fait de plus considérable ç'a été la diffusion de l'alphabet, nécessaire pour la traduction des livres canoniques, et un certain adoucissement de mœurs provenant de la défense de tuer les êtres vivants et d'attenter à la propriété. Ces défenses avec la sanction de la vie future ont certainement produit un effet favorable sur les Mongols, les Thibétains et d'autres peuples sauvages.

Mais qu'il y a loin de là à l'action de l'Eglise catholique dans l'humanité !

Observons en dernier lieu quel a été le rapport du bouddhisme avec les pouvoirs temporels. Sauf au Thibet où le pouvoir temporel et le pouvoir spirituel sont unis, le bouddhisme a été partout protégé par les rois et les princes. Il a été admis à titre de religion officielle par les autorités des pays où il s'établissait. En Chine, au Thibet, à Siam, on possède la date officielle de l'établissement du bouddhisme. Il n'a été persécuté que très rarement, et pendant des temps assez courts. Les annales bouddhiques qui se plaignent constamment de la persécution, ajoutent cependant presque toujours, soit que le persécuteur s'est converti, soit que son successeur a rétabli la religion.

Les deux premiers siècles ont été pacifiques. Plus tard il y a eu des luttes, mais nulle part d'effort général pour détruire le bouddhisme ou pour le chasser des pays où il était établi. S'il a disparu de l'Inde, c'est par une décadence intérieure et à cause du développement du culte de Civa et de Vichnou. Aux différentes grandes époques du développement du bouddhisme se sont rencontrés de grands conquérants qui l'ont protégé : Açoka, maître de l'Inde, Kaishka de la Tartarie et de la Bactriane, Chubilaï petit-fils de Gengiskan, de toute l'Asie centrale.

En comparant ensemble les trois grandes religions qui ont un caractère d'universalité, on peut dire ceci :

Le mahométisme s'est développé par la force, le pouvoir civil et le pouvoir religieux s'étant identifiés com-plètement. Le bouddhisme s'est developpé par la protec-tion et avec l'appui des pouvoirs civils.

Le christianisme seul a conquis la domination de la société par la persécution et le martyre.

Terminons ici cette comparaison.

Il en résulte, clairement ce me semble, qu'il n'y a rien dans le bouddhisme qui soit de nature à ébranler les preuves du christianisme. Le boudhisme comme action sur le monde, comme énergie, comme force contre la persécution, est infiniment inférieur au christianisme.

L'examen loyal et impartial de l'histoire de l'Eglise prouve qu'il y a dans le christianisme une force assez grande pour être déclarée surhumaine, et l'œuvre ac-complie par cette force est si belle, si bienfaisante, si lumineuse, si pure, que cette force ne peut être que divine.

Le bouddhisme, malgré son immense extension, ne semble pas dépasser la puissance des œuvres naturelles. Certains besoins religieux et intellectuels satisfaits, l'organisation des religieux bouddhistes disposés pour la propagande, l'appui des pouvoirs temporels, le ménage-ment des superstitions et des mœurs des divers peuples permettent d'expliquer ce développement. Rien d'hu-main au contraire n'expliquera le triomphe de la croix ignominieuse du Sauveur sur les dieux brillants de l'antiquité, sur la philosophie, la poésie hellénique, sur la politique romaine. Que si pour le bouddhisme les causes humaines ne semblaient pas suffisantes, si le mirage de ses étranges doctrines, la souplesse de l'organi-sation monacale se prêtant à des mœurs et à des climats divers, le concours favorable de circonstances aptes à faciliter la propagation du culte, forment un ensemble assez étrange pour exiger une cause surnatu-relle, cette cause sera facile à trouver, au moins pour les chrétiens.

C'est un culte athée en principe, c'est un culte magique allié à toutes les superstitions grossières de l'Orient.

C'est une copie mensongère du christianisme, c'est une propagande qui a devancé les missions chrétiennes et arrêté leur succès. S'il faut à une telle œuvre un auteur intelligent et supérieur au monde visible, elle peut être attribuée à l'adversaire du Créateur et de Jésus-Christ.

C'est vainement qu'on objecterait contre cette solution la beauté morale de la légende du Bouddha et de ses enseignements. Rien n'oblige en effet à croire que tout vient du démon dans cette doctrine. Le fondateur, bien qu'il soit difficile de l'absoudre du vice d'orgueil, a pu être vertueux et bien intentionné ; il peut y avoir des gens de bien parmi ses adeptes qui ont rédigé les livres canoniques. Mais l'esprit mauvais a pu se servir précisément de ce bien partiel pour son œuvre de résistance à la lumière pleine de la vérité chrétienne. Il a pu associer ces bons éléments avec les superstitions populaires et s'en servir pour donner à son œuvre plus de prestige. Une institution qui à Ceylan produit l'adoration des reliques d'un homme mort, sans aucun rapport à une divinité, et qui au Thibet fait adorer des hommes vivants comme dieux incarnés, avec un mélange de prestiges magiques et de supercherie, peut très bien être attribuée au mauvais esprit ; tout au moins on peut lui attribuer ce qui semble dépasser la nature dans son développement ; certains faits magiques rapportés par les missionnaires qui ont visité les pays bouddhiques donneraient un certain fondement à cette opinion.

Quoi qu'il en soit de cette dernière question, la preuve du christianisme est intacte ; que le bouddhisme soit simplement humain, ou bien humain et diabolique à la fois, cela ne touche en rien aux raisons qui portent à affirmer que le christianisme est divin. Les ressemblances apparentes ne détruisent pas les profondes et évidentes différences entre ces deux religions.

On pourrait comparer le bouddhisme à un grand fantôme, qui de loin semble capable de donner le vertige. D'une part ces masses d'hommes qui, si l'on en croit leurs livres canoniques, vivent sans dieu et ne cherchent que le néant, semblent avoir des sentiments opposés à ceux de l'humanité. D'autre part, ce faux christianisme si semblable en apparence au véritable, ce culte de la mort revêtu de la même livrée que la religion de la vie portent dans les imaginations un certain trouble, et on se demande si vraiment les bases de la foi subsistent. Mais, en regardant de plus près, cette impression disparaît.

Le bouddhisme pratique et véritable est beaucoup moins athée, moins nilihiste, beaucoup plus semblable au reste des superstitions païennes qu'il ne paraît : sa morale, belle dans les livres et peut-être réalisée pendant un certain temps par suite de la ferveur des débuts, n'a pas exercé en fait une influence sociale durable et puissante. Les obstacles que le bouddhisme a vaincu sont faibles, et les circonstances l'ont toujours favorisé Le bouddhisme peut être considéré comme la tentative humaine (ou diabolique) de répondre aux besoins que le christianisme devait satisfaire, de créer une religion adaptée à certains sentiments existants dans l'humanité. Mais la tentative est vaine, la religion est creuse et vide; elle n'est en réalité qu'un grand et singulier accident dans l'histoire, tandis que le christianisme est le terme véritable vers lequel tendent les idées, les croyances et les institutions religieuses de tous les temps et de tous les lieux.

L'abbé DE BROGLIE.

---

Ouvrages à consulter sur le Bouddhisme :
SPENCE HARDY. A Manuel ob Buddhisme. — Eastern Monachism.
OLDENBERG. Buddha. — KŒPPEN. Religion des Buddha.
   (Le second volume traite du lamaïsme.)
BURNOUF. Introduction à l'histoire du Bouddhisme indien.
VASSILIEF (traduit en français). Le Bouddhisme (détails sur la philosophie et les sectes).
BARTH. — Les religions de l'Inde.
BIGANDET. — Légende du Bouddha de Bermanie.
Fo Koue-Ki (Voyage de Fa Hian) traduit par STANISLAS JULIEN.
Voyages de Hieng-Tse-Kouang par le même.
RHYS DAVID. — Hebbert lectures, Conférences sur le bouddhisme.
Consulter aussi la grande histoire de l'Inde de LASSEN.

---

5916 — Paris. F. LEVÉ, Imp. de l'Archevêché, 17, rue Cassette.

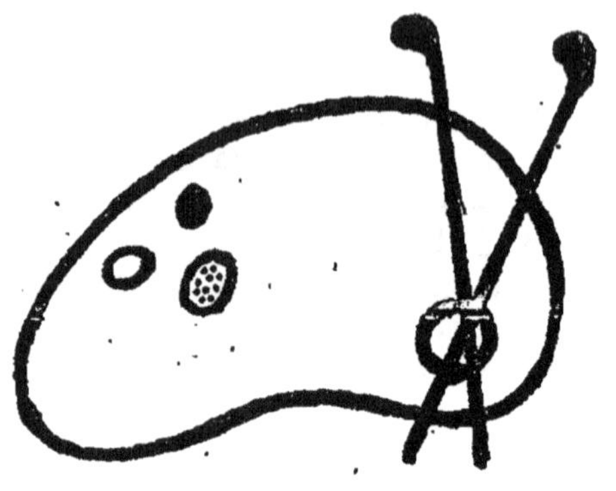